교과서 받아쓰기에 잘 나올만한 문장이나 구절을 익혀나갈 수 있도록 단원별로 엮었습니다.

받아쓰기 장

3 단계

첫째 마당 1. 친하게 지내요 ······················ 2
(2학년이 되어, 우리 선생님, 새싹의 전화)

2. 정다운 우리 ······················ 20
(눈치챈 바람, 곰 할아버지의 생신, 메아리)

둘째 마당 1. 무엇을 찾을까요 ················· 35
(아랑이의 길찾기, 우주여행)

2. 찾아서 배우는 우리 ············· 40
(자갈을 모으는 어름치, 동물병원, 아름다운 황쏘가리)

셋째 마당 1. 꿈을 펼쳐요 ······················ 54
(비 오는 날, 소)

2. 즐거운 마음 ······················ 58
(오른쪽이와 동네 한바퀴, 좋겠다, 해님과 강아지)

넷째 마당 1. 내 생각 어때요 ·················· 68
(내 의견, 숙제 로봇의 일기)

2. 서로 다른 생각 ·················· 78
(김치가 좋아요, 어떤 집을 만들면 좋을까요, 고마운 나무, 황소개구리)

다섯째 마당 1. 상상의 나라로 떠나요 ············ 92
(마음의 선물, 하늘천 하렷다, 유석이의 하루)

2. 꿈을 가꾸는 동산 ················ 99
(매미 합창단, 개와 돼지, 돌돌이와 민들레 꽃씨)

파란색으로 쓴 낱말의 발음에 주의하며 글을 읽어 보세요.

우리들은 2학년

읽기 6쪽

발걸음도 가볍게
학교 가는 길.

우리들은 2학년
희망찬 가슴.

손잡고 웃는 얼굴
씩씩한 걸음.

오늘부터 우리는
언니랍니다.

발꺼름, 이항년, 손잡꼬 운는, 씩씨칸 거름

 선을 따라가 낱말 풀이를 읽어 보세요.

| 발걸음도 가볍게 | — | 희망으로 부풀어 벅찬 가슴 |
| 희망찬 가슴 | — | 즐거워서 가볍게 걸으며 |

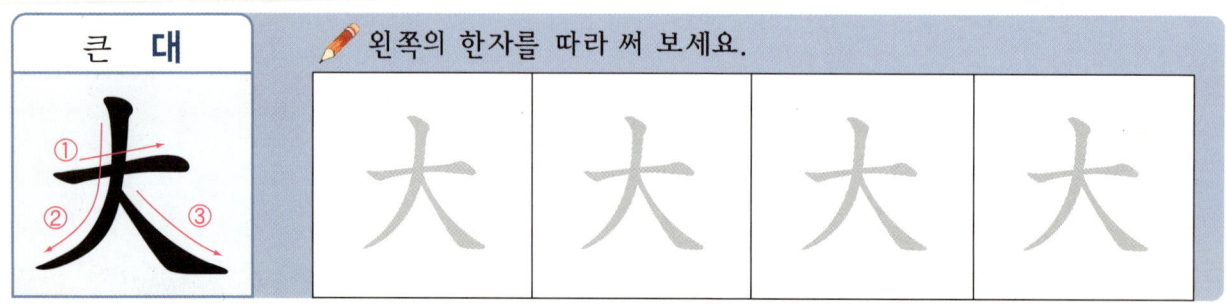

정확하게 소리내어 읽고, 바르게 써 보세요.

발걸음도 가볍게

학교 가는 길.

우리들은 2학년

정확하게 소리내어 읽고, 바르게 써 보세요.

희망찬 가슴.

손잡고 웃는 얼굴

씩씩한 걸음.

파란색으로 쓴 낱말의 발음에 주의하며 글을 읽어 보세요.

우리 선생님

읽기 8쪽

미영이는 아침 일찍 집을 나섰습니다.

'오늘은 내가 선생님보다 먼저 가서 선생님을 깜짝 놀라게 해 드려야지.'

미영이는 교실 문을 열었습니다. 그런데 선생님께서 벌써 와 계셨습니다.

'아이 참, 선생님께서 먼저 오셨네.'

미영이는 속상하였습니다. 그런데 선생님께서는 미영이를 못 보신 모양입니다. 미영이는 선생님 뒤로 살금살금 다가갔습니다.

"선생님!"

지블 나섣씀니다, 무늘 여럳씀니다, 다가갇씀니다

 선을 따라가 낱말 풀이를 읽어 보세요.

| 먼 저 | — | 몰래 가만히 하는 모양 |
| 살금살금 | — | 시간이나 자리를 보아 앞서서 |

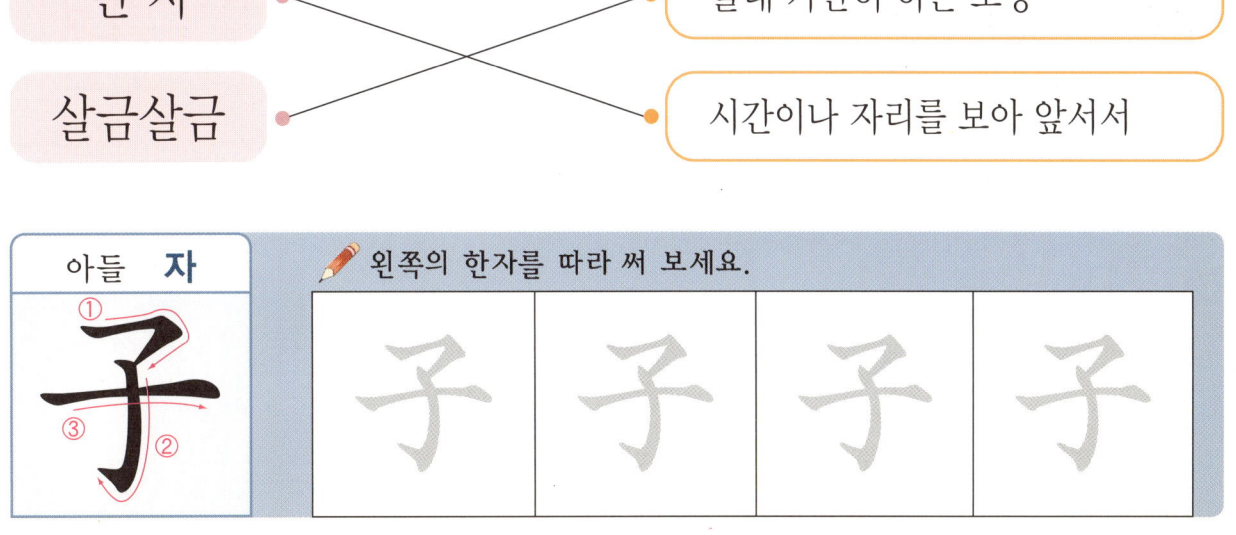

아들 자 子

✏️ 왼쪽의 한자를 따라 써 보세요.

정확하게 소리내어 읽고, 바르게 써 보세요.

집을 나섰습니다.

문을 열었습니다.

계셨습니다. 그런데

파란색으로 쓴 낱말의 발음에 주의하며 글을 읽어 보세요.

읽기 9쪽

"선생님, 무엇을 하고 계셨어요?"
"금붕어와 이야기하고 있었단다. 이 녀석들이 힘이 없구나. 물을 오랫동안 갈아 주지 않아 그런가 보다."
그 때 미영이에게 좋은 생각이 떠올랐습니다.
'그래, 내가 깨끗한 물로 갈아 주어야지.'
미영이는 학교 공부를 마치자마자 수돗가로 달려갔습니다. 그리고 물통에 수돗물을 가득 담아 교실로 돌아왔습니다.

미영이는 담아 온 수돗물로 어항의 물을 갈아 주었습니다. 금붕어들이 놀란 듯이 팔딱거렸습니다.

히미 업꾸나, 깨끄탄, 수도까

 선을 따라가 낱말 풀이를 읽어 보세요.

| 팔딱 | — | 물고기를 넣어 기르는, 유리로 만든 그릇 |
| 어항 | — | 힘을 모아 가볍게 뛰는 모양 |

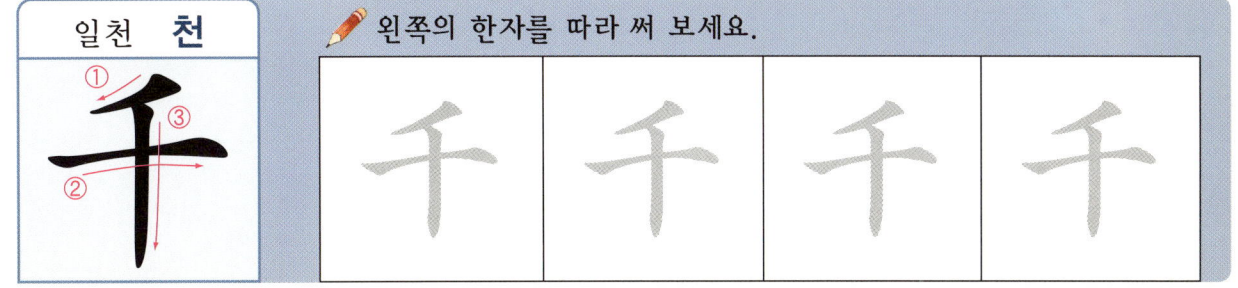

정확하게 소리내어 읽고, 바르게 써 보세요.

녀석들이 힘이 없구나.

물을 오랫동안 갈아 주지 않아

깨끗한 물로 갈아 주어야지.

파란색으로 쓴 낱말의 발음에 주의하며 글을 읽어 보세요.

읽기 10~11쪽

"선생님, 금붕어가 기운이 하나도 없어요."
한 친구가 걱정스러운 표정으로 말하였습니다.
"수돗물로 갈아 주어서 그런가 보다. 어항에 누가 수돗물을 넣었니?"
선생님의 말씀을 듣고 미영이는 얼굴이 빨개졌습니다. 울음이 금방 터져 나올 것 같았습니다. 미영이는 자기 자리로 돌아와 책상에 엎드렸습니다.
그 때였습니다. 누군가 살며시 미영이의 어깨에 손을 얹었습니다. 선생님이셨습니다.
"미영이가 금붕어를 위해 물을 갈아 주었구나. 미영아, 선생님은 네 마음을 잘 안다. 물을 다시 갈아 주면 금붕어는 곧 괜찮을 거다. 너무 걱정하지 마라."
선생님께서 미영이의 손을 꼭 잡아 주셨습니다.

업써요, 손을 언젇씀니다, 괜차늘 꺼다, 자바

정확하게 소리내어 읽고, 바르게 써 보세요.

수돗가로 달려갔습니다.

늦게 교실로 들어섰습니다.

기운이 하나도 없어요.

정확하게 소리내어 읽고, 바르게 써 보세요.

책상에 엎드렸습니다.

어깨에 손을 얹었습니다.

금붕어는 곧 괜찮을 거다.

*교재 111쪽 참조하세요.

 선생님께서 불러 주시는 말을 바르게 받아 써 봅시다.

1
2
3
4
5
6
7
8
9
10

틀린 문장을 다시 써 보세요.

파란색으로 쓴 낱말의 발음에 주의하며 글을 읽어 보세요.

새싹의 전화

읽기 12쪽

햇볕이 따사로운 어느 봄날이었습니다. 준미는 마당에서 혼자 소꿉놀이를 하고 있었습니다.

그 때 전화가 왔습니다.

"따르릉, 따르릉!"

"어, 이건 장난감 전화기인데?"

준미는 눈을 동그랗게 떴습니다. 장난감 전화기의 줄은 꽃밭에 있는 개나리 가지에 묶여 있었습니다.

준미는 조심스럽게 전화를 받았습니다.

"여보세요, 거기 준미네 집이지요?"

"네, 제가 준미예요."

"겨울 동안에 잘 있었니? 우리는 새싹이야."

"새싹?"

햇뼈치, 꼳 바테, 무껴 읻써씀니다, 바닫씀니다

 선을 따라가 낱말 풀이를 읽어 보세요.

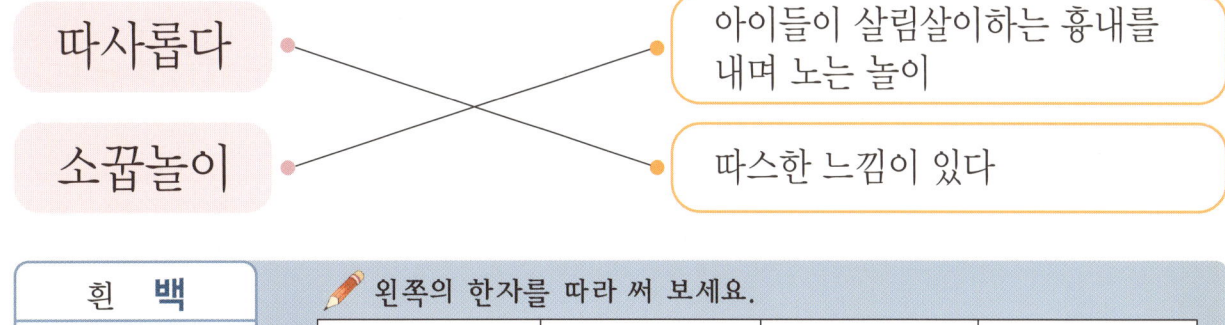

정확하게 소리내어 읽고, 바르게 써 보세요.

햇	볕	이

소	꿉	놀	이

장	난	감

동	그	랗	게

꽃	밭	에

받	았	습	니	다

받아쓰기 - 14

정확하게 소리내어 읽고, 바르게 써 보세요.

장난감 전화기인데?

눈을 동그랗게 떴습니다.

가지에 묶여 있었습니다.

파란색으로 쓴 낱말의 발음에 주의하며 글을 읽어 보세요.

읽기 13쪽

"그래. 여기는 갑갑해서 더 못 있겠어. 밖으로 나가도 되겠니?"

"그럼! 햇볕이 아주 따뜻해. 어서 나와. 나도 혼자 노니까 심심해."

"그래, 잠시만 기다려. 곧 나갈게."

준미가 전화를 끊었을 때 어머니께서 마당으로 나오셨습니다.

"엄마, 전화 왔어요. 친구들이 곧 온다구 했어요."

"어떤 친구들인데?"

"새싹 친구들이에요."

"새싹 친구들?"

바끄로, 따뜨테, 끄너쓸 때

 선을 따라가 낱말 풀이를 읽어 보세요.

| 갑갑하다 | — | 집 둘레에 편편하게 닦아 놓은 빈 땅 |
| 마당 | — | 시원스럽게 트이지 아니하고 비좁다 |

오른 우 — 右

왼쪽의 한자를 따라 써 보세요.

右 右 右 右

정확하게 소리내어 읽고, 바르게 써 보세요.

밖으로 나가도 되겠니?

햇볕이 아주 따뜻해.

전화를 끊었을 때

파란색으로 쓴 낱말의 발음에 주의하며 글을 읽어 보세요.

읽기 14쪽

어머니께서 빙그레 웃으셨습니다.

"정말이에요. 방금 새싹이 전화를 했어요."

준미는 힘주어 말하였습니다. 어머니께서는 여전히 웃기만 하셨습니다.

"정말 새싹이 전화를 했는데……."

준미는 힘없이 말하였습니다.

따뜻한 봄볕이 준미의 얼굴에 내려앉으며 속삭였습니다.

"맞아, 새싹이 곧 나오겠다고 했어."

"맞아, 맞아."

봄바람도 준미의 머리카락을 쓰다듬으며 말하였습니다.

우스셔씀니다, 따뜨탄 봄뼈치, 얼구레 내려안즈며, 마자

왼 좌	왼쪽의 한자를 따라 써 보세요.
左	左 左 左 左

받아쓰기 - 18

정확하게 소리내어 읽고, 바르게 써 보세요.

따뜻한 봄볕이

얼굴에 내려 앉으며

머리카락을 쓰다듬으며

파란색으로 쓴 낱말의 발음에 주의하며 글을 읽어 보세요.

정다운 우리

읽기 16~17쪽

　민수는 책상에 엎드려 책을 읽었습니다. 한참 있으니 목이 아팠습니다. 그래서 이번에는 방바닥에 엎드려 책을 읽었습니다.
　그 때 아버지께서 돌아오셨습니다. 민수는 밖으로 나가 아버지를 맞이하였습니다.
　"아버지, 일찍 들어오셨네요."
　"허리가 아파서 병원에 다녀왔다."
　아버지께서 무척 편찮아 보이셨습니다.
　"허리가 왜 그렇게 아프세요?"
　"허리를 구부리고 운전해서 그렇다는구나. 의사 선생님께서 바른 자세로 운전하라고 하셨단다. 민수야, 너도 바른 자세로 책을 읽도록 해라."

업뜨려 채글 일걷씀니다, 모기 아팓씀니다, 드러오셛네요, 편차나, 익또록

 선을 따라가 낱말 풀이를 읽어 보세요.

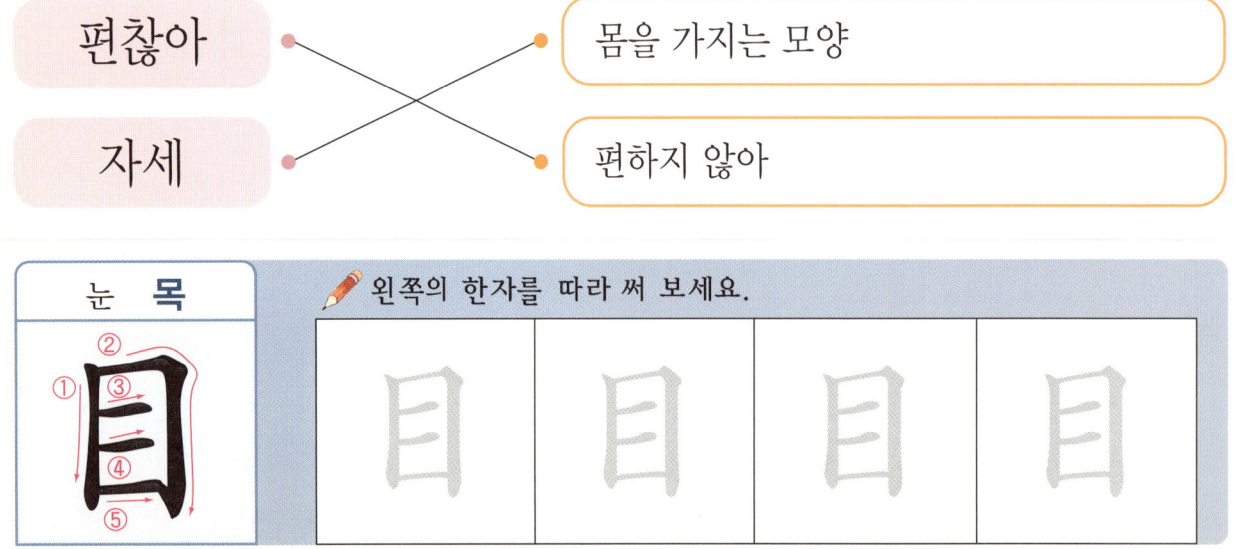

| 편찮아 | — | 몸을 가지는 모양 |
| 자세 | — | 편하지 않아 |

눈 **목**

왼쪽의 한자를 따라 써 보세요.

目　目　目　目

정확하게 소리내어 읽고, 바르게 써 보세요.

책을 읽었습니다.

목이 아팠습니다.

방바닥에 엎드려

정확하게 소리내어 읽고, 바르게 써 보세요.

일찍 들어오셨네요

맞이하였습니다.

병원에 다녀왔다.

정확하게 소리내어 읽고, 바르게 써 보세요.

무척 편찮아

그렇게 아프세요?

앉아 읽도록 해라

빨간색으로 쓴 낱말의 발음에 주의하며 글을 읽어 보세요.

눈치챈 바람

읽기 18~19쪽

새싹들이 빠끔
고개 내미는 것을

꽃들이 방글방글
웃고 싶은 것을

바람은
바람은
눈치챘는지

바람은
바람은
눈치챘는지

살랑살랑
봄비 한 줌 **뿌려 놓고**

햇살 한 줄기
사알살 뿌려 놓아요.

봄삐, 뿌려 노코, 꼳뜨리, 욷꼬 시픈 거슬, 해쌀

 선을 따라가 낱말 풀이를 읽어 보세요.

| 빠끔 | — | 한 주먹으로 쥘 만한 적은 분량 |
| 한 줌 | — | 틈이나 구멍이 나 있는 모양 |

개 견

✏️ 왼쪽의 한자를 따라 써 보세요.

| 犬 | 犬 | 犬 | 犬 |

정확하게 소리내어 읽고, 바르게 써 보세요.

바람은 눈치챘는지

한 줌 뿌려 놓고

웃고 싶은 것을

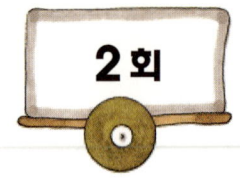 

*교재 111쪽 참조하세요.

 선생님께서 불러 주시는 말을 바르게 받아 써 봅시다.

1
2
3
4
5
6
7
8
9
10

틀린 문장을 다시 써 보세요.

파란색으로 쓴 낱말의 발음에 주의하며 글을 읽어 보세요.

곰 할아버지의 생신

읽기 20~21쪽

숲 속 마을의 동물들이 아침 운동을 하려고 모였습니다. 얼마 전에 이사 온 토끼도 운동을 하러 나왔습니다.

"하나, 둘, 셋, 넷."

"둘, 둘, 셋, 넷."

모두 열심히 운동을 하였습니다. 그리고 상쾌한 기분으로 이마에 흐르는 땀을 닦았습니다.

그 때 사슴 아저씨가 큰 종이를 한 장 들고 천천히 걸어 왔습니다. 사슴 아저씨는 들고 온 종이를 나무에 붙였습니다. 동물들은 나무 주위로 모여들었습니다. 곰 할아버지의 생신 잔치를 알리는 글이었습니다.

숨 쏙, 열씨미, 따믈 다깠씀니다, 부쳔씀니다

수풀 **림**

林

✏️ 왼쪽의 한자를 따라 써 보세요.

| 林 | 林 | 林 | 林 |

정확하게 소리내어 읽고, 바르게 써 보세요.

숲 속 기분으로

땀을 닦았습니다.

나무에 붙였습니다.

파란색으로 쓴 낱말의 발음에 주의하며 글을 읽어 보세요.

읽기 22~23쪽

곰 할아버지께서 아기다람쥐의 머리를 쓰다듬으며 말씀하셨습니다.

"안녕하세요? 저는 얼마 전에 이 동네로 이사 온 토끼입니다. 할아버지의 생신을 축하합니다."

토끼도 공손히 인사하였습니다.

"그래, 네가 이웃 마을에서 이사 왔다는 토끼로구나. 한 동네에서 살게 되어 정말 기쁘다."

곰 할아버지께서 웃으며 말씀하셨습니다.

동물들은 다 함께 생신 축하 노래를 불렀습니다. 그리고 둘러앉아 음식을 나누어 먹고 즐겁게 이야기도 나누었습니다.

쓰다드므며, 추카합니다, 우스며, 둘러안자

자리 **위** 位

왼쪽의 한자를 따라 써 보세요.

| 位 | 位 | 位 | 位 |

정확하게 소리내어 읽고, 바르게 써 보세요.

둘러앉아 음식을 나누어 먹고

쓰다듬으며 말씀하셨습니다.

생신을 축하합니다.

파란색으로 쓴 낱말의 발음에 주의하며 글을 읽어 보세요.

메아리

읽기 26~27쪽

한 아이가 산에서 소리를 질렀습니다.

"야호!"

건너편에서 똑같은 소리가 들려 왔습니다.

"야호!"

이번에는 이렇게 소리를 질렀습니다.

"야, 바보야!"

그러자 저 쪽에서 똑같은 대답이 들려 왔습니다.

아이는 화가 나서 산을 내려왔습니다. 어머니께 산에 아주 나쁜 아이가 있다고 말씀드렸습니다.

어머니께서 웃으며 말씀하셨습니다.

"산에는 좋은 친구도 있단다. 좋은 친구를 사귀고 싶으면 네가 먼저 친구가 되자고 말해 보렴."

아이는 다시 산에 올라가 외쳤습니다.

"좋은 친구가 되자."

건너펴네서, 대다비, 읻따고, 조은, 사네

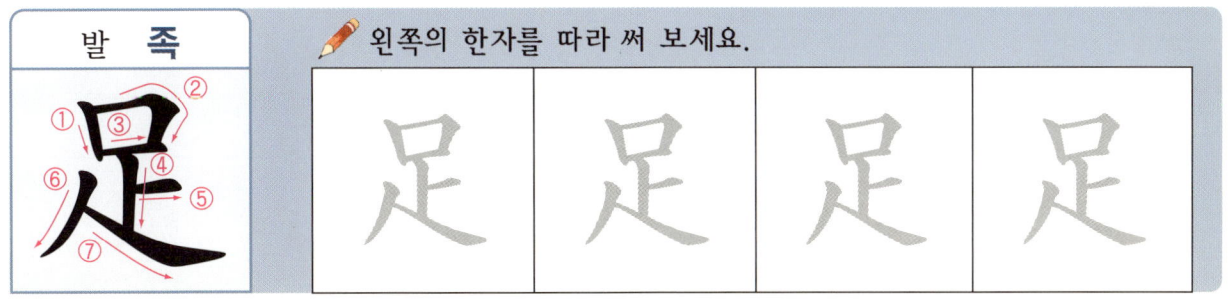

발 족

정확하게 소리내어 읽고, 바르게 써 보세요.

산에서 소리를 질렀습니다.

똑같은 대답이 들려 왔습니다.

산에 올라가 외쳤습니다.

정확하게 소리내어 읽고, 바르게 써 보세요.

좋은 친구가 되자.

말씀이 옳았습니다.

기분이 좋았습니다.

*교재 111쪽 참조하세요.

 선생님께서 불러 주시는 말을 바르게 받아 써 봅시다.

1
2
3
4
5
6
7
8
9
10

틀린 문장을 다시 써 보세요.

파란색으로 쓴 낱말의 발음에 주의하며 글을 읽어 보세요.

아랑이의 길찾기

읽기 34~35쪽

아랑이는 사냥을 떠났습니다. 아랑이는 토끼를 보고 재빨리 쫓아갔습니다. 그러자 토끼는 동굴 속으로 숨어 버렸습니다. 아랑이도 토끼를 쫓아 동굴 속으로 들어갔습니다. 토끼를 찾아 어둠 속을 한참 걷자 저 멀리 희미한 빛이 보였습니다.

빛을 따라 동굴 밖으로 나온 아랑이는 눈이 휘둥그레졌습니다. 아랑이가 살던 곳과는 전혀 다른 세상이었기 때문입니다. 산보다 더 높은 집과 많은 자동차가 있었습니다. 동물들은 온데간데없었습니다.

아랑이는 길을 따라 정신 없이 걸었습니다. 가도 가도 낯선 것뿐이었습니다. 아랑이는 덜컥 겁이 났습니다. 집으로 돌아가고 싶었습니다.

쪼차갔씀니다, 바끄로, 노픈 집꽈, 정신 업씨, 거비

 선을 따라가 낱말 풀이를 읽어 보세요.

희미한	갑작스레 놀라 가슴이 내려앉는 모양
덜컥	뚜렷하지 못한

정확하게 소리내어 읽고, 바르게 써 보세요.

재빨리 쫓아갔습니다.

희미한 빛이 보였습니다.

눈이 휘둥그레졌습니다.

정확하게 소리내어 읽고, 바르게 써 보세요.

높은 집과 많은 자동차

정신 없이 걸었습니다.

덜컥 겁이 났습니다.

파란색으로 쓴 낱말의 발음에 주의하며 글을 읽어 보세요.

우주 여행

읽기 36~37쪽

쓰기 시간에 '우주 여행'이라는 제목으로 글을 쓰게 되었습니다.

제목을 보고, 나는 얼마 전에 읽은 '토끼의 우주 여행'이라는 책을 떠올렸습니다. 그 책은 달나라 토끼들의 모험에 대한 이야기였습니다.

달나라에 살던 과학자 토끼가 우주로 여행을 떠납니다. 먼저, 지구에 들렀다가 가까운 별나라도 갑니다. 그리고 더 멀리 있는 별을 찾아가는 이야기입니다.

그리고 어제 읽은 만화책도 생각났습니다. 그 만화책의 내용은 별나라에 우주인이 살고 있다는 것이었습니다.

일근, 채글, 들렫따가, 차자가는

 선을 따라가 낱말 풀이를 읽어 보세요.

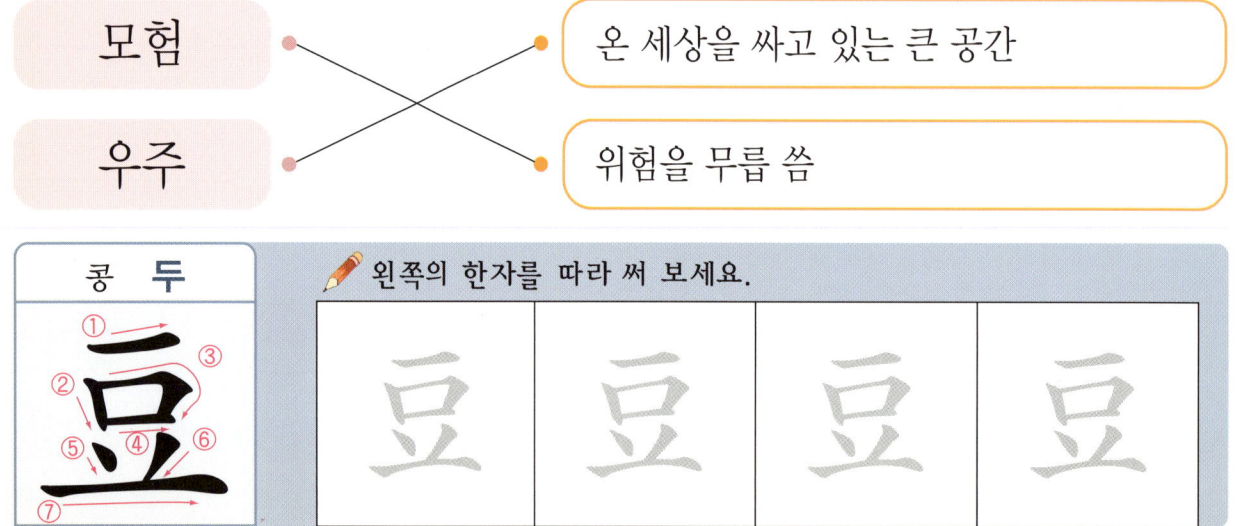

정확하게 소리내어 읽고, 바르게 써 보세요.

지구에 들렀다가

책을 많이 읽으면

별을 찾아가는

파란색으로 쓴 낱말의 발음에 주의하며 글을 읽어 보세요.

자갈을 모으는 어름치

읽기 42~43쪽

어름치는 맑은 물에 사는 물고기입니다. 어름치는 4월이나 5월이 되면 자갈을 입으로 물어다 강바닥에 모읍니다. 어름치는 왜 강바닥에 자갈을 모을까요?

어름치는 강바닥에 구덩이를 파고 알을 낳습니다. 그리고 알이 떠내려가지 않도록 자갈을 물어다 탑처럼 쌓아올립니다.

어름치는 비가 많이 오는 해에는 자갈을 강의 가장 자리에 모읍니다. 그리고 비가 적게 오는 해에는 자갈을 강 한 가운데에 모읍니다. 그래서 어름치를 보면 그 해의 날씨를 알 수 있다는 말도 생겼습니다.

말근 무레, 강빠다게, 안토록, 싸아올립니다

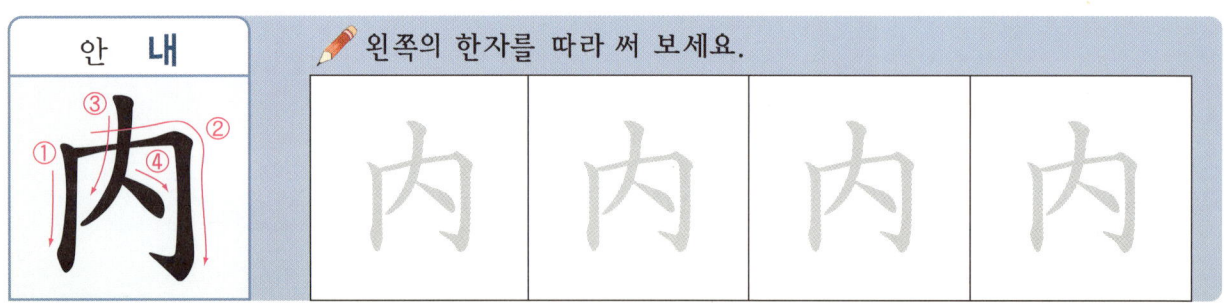

정확하게 소리내어 읽고, 바르게 써 보세요.

맑은 물에 사는 물고기입니다.

탑처럼 쌓아올립니다.

알이 떠내려가지 않도록

파란색으로 쓴 낱말의 발음에 주의하며 글을 읽어 보세요.

동물 병원

읽기 44~45쪽

숲 속 동물 나라에 병원이 있습니다. 원숭이 의사가 창 밖을 내다봅니다. 오늘은 날씨가 맑아 멀리까지 보입니다.

토끼 아주머니가 걸어옵니다. 뱃속의 아기가 다칠까봐 조심스럽게 걸어옵니다.

토끼 아주머니가 들어오자 원숭이 의사는 진찰을 시작합니다. 청진기를 여기저기 대어 봅니다. 토끼 아주머니는 걱정스러운 표정으로 말합니다.

"괜찮을까요? 배가 아픈데요."

"걱정하지 마세요. 건강한 아기가 태어날 테니까요."

토끼 아주머니의 얼굴이 그제야 밝아집니다.

원숭이 의사가 삽살개 간호사에게 말합니다.

"이분을 조용한 방으로 모시도록 하세요."

병워니, 창 바끌, 괜차늘까요, 발가집니다

 선을 따라가 낱말 풀이를 읽어 보세요.

| 진찰 | 몸 안에서 들리는 소리를 듣는 기구 |
| 청진기 | 어떤 병인지 살피는 행동 |

정확하게 소리내어 읽고, 바르게 써 보세요.

병원이 있습니다.

창 밖을 내다봅니다.

진찰을 시작합니다.

정확하게 소리내어 읽고, 바르게 써 보세요.

얼굴이 그제야 밝아집니다.

뱃속의 아기가 다칠까 봐

괜찮을까요? 배가 아픈데

정확하게 소리내어 읽고, 바르게 써 보세요.

워낙 겁이 많으세요.

여덟 달 정도 되었어요.

갸우뚱거리며 묻습니다.

파란색으로 쓴 낱말의 발음에 주의하며 글을 읽어 보세요.

읽기 47쪽

"그래요? 난 곧 낳게 될 줄 알았는데……."
소 아주머니가 실망스러운 표정을 지으며 돌아갑니다. 이번에는 오리 아주머니가 뒤뚱거리며 들어옵니다.
　오리 아주머니는 방금 낳은 알을 조심스럽게 안고 옵니다.
"의사 선생님, 알을 낳았는데 어떻게 하면 좋을까요?"
"우선 알의 상태부터 봅시다."
원숭이 의사가 침착한 목소리로 말하며 알을 살펴봅니다.
"네, 알의 상태가 좋군요. 저기 연못가 갈대밭으로 가십시오. 거기에 알을 두도록 하세요."
"고맙습니다."
원숭이 의사는 삽살개 간호사에게 말합니다.

나케 될 쭐 아란는데, 아를 나완는데, 조쿤요, 갈때바트로

마음 심	왼쪽의 한자를 따라 써 보세요.
心	心　心　心　心

정확하게 소리내어 읽고, 바르게 써 보세요.

곧 낳게 될 줄 알았는데

알의 상태가 좋군요.

연못가 갈대밭으로 가십시요.

파란색으로 쓴 낱말의 발음에 주의하며 글을 읽어 보세요.

읽기 47~48쪽

"이분을 연못가 갈대밭으로 안내해 드리세요."

오리 아주머니는 알을 받아 들고 조심스럽게 간호사를 따라 나갑니다.

오리 아주머니가 진찰을 받은 뒤에도, 알을 다섯 개나 든 닭 아주머니와 이웃 마을 곰 아주머니가 다녀갔습니다.

오늘도 많은 동물들이 원숭이 의사의 도움을 받았습니다. 원숭이 의사는 쉬지 않고 정성껏 환자를 돌보았습니다.

어느 새 밖은 어두컴컴해졌습니다. 원숭이 의사는 쉬고 싶었습니다. 의자에 몸을 기대고 잠시 눈을 감았습니다.

바다 들고, 진차를 바든, 도우물, 쉬지안코, 바끈

정확하게 소리내어 읽고, 바르게 써 보세요.

알을 받아들고

도움을 받았습니다

의사는 쉬지 않고

정확하게 소리내어 읽고, 바르게 써 보세요.

정성껏 환자를 돌보았습니다.

진찰을 받은 뒤에도

밖은 어두컴컴해졌습니다.

*교재 111쪽 참조하세요.

 선생님께서 불러 주시는 말을 바르게 받아 써 봅시다.

1
2
3
4
5
6
7
8
9
10

틀린 문장을 다시 써 보세요.

파란색으로 쓴 낱말의 발음에 주의하며 글을 읽어 보세요.

아름다운 황쏘가리

읽기 52쪽

황쏘가리는 몸 전체가 황금빛으로 빛나는 물고기입니다. 눈과 입은 크고 비늘은 자잘합니다. 그리고 등과 배는 부드러운 곡선 모양입니다.

황쏘가리는 쏘가리와 이름이 비슷하지만 빛깔과 무늬는 다릅니다. 쏘가리는 온몸이 황갈색이고, 잿빛 무늬가 지느러미까지 흩어져 있습니다. 그러나 황쏘가리는 온몸이 황금색이고, 잿빛 무늬가 없습니다.

황쏘가리는 매우 아름답습니다. 그렇지만 우리 주위에서 쉽게 볼 수 없습니다.

황쏘가리

쏘가리

황금빋츠로 빈나는, 이르미, 온모미, 재삗 무니

 선을 따라가 낱말 풀이를 읽어 보세요.

| 잿빛 | — | 여럿이 모두 다 작다. |
| 자잘하다 | — | 재와 같은 빛깔(회색) |

정확하게 소리내어 읽고, 바르게 써 보세요.

몸 전체가 황금빛으로 빛나는

쏘가리와 이름이 비슷하지만

빛깔과 무늬는 다릅니다.

파란색으로 쓴 낱말의 발음에 주의하며 글을 읽어 보세요.

비 오는 날

읽기 60쪽

조록조록 조록조록 비가 내리네
나가 놀까 말까 하늘만 보네.

쪼록쪼록 쪼록쪼록 비가 딱 오네
창수네 집 갈래도 갈 수가 없네.

주룩주룩 주룩주룩 비가 더 오네.
찾아오는 친구가 하나도 없네.

쭈룩쭈룩 쭈룩쭈룩 비가 오는데
누나 옆에 앉아서 공부나 하자.

갈 쑤가 엄네, 차자오는, 여페 안자서

더할 가	왼쪽의 한자를 따라 써 보세요.			
加	加	加	加	加

받아쓰기 - 54

정확하게 소리내어 읽고, 바르게 써 보세요.

갈래도 갈 수가 없네.

찾아오는 친구가 하나도 없네.

누나 옆에 앉아서 공부나 하자.

파란색으로 쓴 낱말의 발음에 주의하며 글을 읽어 보세요.

소

읽기 64쪽

아무리 배가 고파도
느릿느릿 먹는 소.

비가 쏟아질 때도
느릿느릿 걷는 소.

기쁜 일이 있어도
한참 있다 웃는 소.

슬픈 일이 있어도
한참 있다 우는 소.

느린느릳 멍는, 쏘다질, 운는, 이리읻써도

 선을 따라가 낱말 풀이를 읽어 보세요.

| 한참 | 동작이 아주 느린 모양 |
| 느릿느릿 | 시간이 꽤 지나는 동안 |

소 우
牛

왼쪽의 한자를 따라 써 보세요.

牛 牛 牛 牛

정확하게 소리내어 읽고, 바르게 써 보세요.

느릿느릿 먹는 소

비가 쏟아질 때도

슬픈 일이 있어도

파란색으로 쓴 낱말의 발음에 주의하며 글을 읽어 보세요.

오른쪽이와 동네한바퀴

읽기 68쪽

내 이름은 오른쪽이입니다. 나는 똘이의 오른쪽 운동화입니다. 타박타박 걷기도 하고 다다다다 달리기도 합니다. 눈에 띄는 것은 무엇이든지 뻥 차는 버릇이 있답니다.

똘이가 처음 나를 신고 밖으로 나갔을 때, 음료수 깡통을 무심코 툭 찼습니다. 그러자 왈강달강 요란한 소리가

나지 뭡니까? 정말 우습고 재미있었습니다. 그때부터 이것 저것 툭툭 차 보는 버릇이 생겼답니다.

"앞만 보고 얌전히 다닐 수 없니?"

왼쪽이는 불평을 하였습니다.

그런데 나를 아주 좋아하는 친구가 있습니다. 바로 유나의 빨간 구두입니다.

"빈 요구르트병 차 보았니? 무슨 소리를 내니?"

이르믄, 버르시 읻담니다, 바끄로 나가쓸 때, 암만 보고

 선을 따라가 낱말 풀이를 읽어 보세요.

| 무심코 | — | 못마땅하게 여기는 말이나 행동 |
| 불평 | — | 뜻하지 아니하게, 생각없이 |

정확하게 소리내어 읽고, 바르게 써 보세요.

밖으로 나갔을 때

버릇이 있답니다.

내 이름은 오른쪽

정확하게 소리내어 읽고, 바르게 써 보세요.

나를 획 벗어 던져 놓고

큰 소리로 외쳤지만

앞만 보고 얌전히 다닐 수 없니

파란색으로 쓴 낱말의 발음에 주의하며 글을 읽어 보세요.

읽기 72~73쪽

정신을 차려 보니 낯선 담벼락 아래였습니다. 그 동안 얼마나 차이고 밟혔던지 나는 몹시 구질구질해졌습니다. 그만 찔끔찔끔 눈물이 났습니다.

캄캄한 밤이 지나고 날이 밝았습니다. 저 쪽에서 동네한바퀴가 꼬리를 살래살래 흔들며 다가오는 것이 보였습니다.

여기저기 기웃거리면서 킁킁 냄새를 맡는 동네한바퀴가 나는 무서웠습니다.

'동네한바퀴가 나를 보면 어쩌지? 이빨을 드러내며 으르렁거리겠지? 그 뾰족한 이빨로 나를 물어뜯을거야.'

마침내 동네한바퀴가 내게 코를 들이대고 킁킁거리며 냄새를 맡기 시작하였습니다.

"제발 물어뜯지만 말아 줘."

그런데 이게 웬일이지요? 동네한바퀴가 꼬리를 살래살래 흔들며 반갑다고 인사를 하는 것이었습니다.

멍멍 하늘을 향해 짖더니 나를 덥석 물고 집으로 달려갔습니다.

낟썬 담벼락, 발펻떤지, 발갇씀니다, 뾰조칸, 짇떠니

정확하게 소리내어 읽고, 바르게 써 보세요.

낯선 담벼락 아래였습니다.

얼마나 차이고 밟혔던지

날이 밝았습니다.

파란색으로 쓴 낱말의 발음에 주의하며 글을 읽어 보세요.

좋겠다

읽기 76쪽

꽃잎은 좋겠다.
방울방울 이슬이
닦아 주니까.

나무는 좋겠다.
주룩주룩 소낙비가
씻어 주니까.

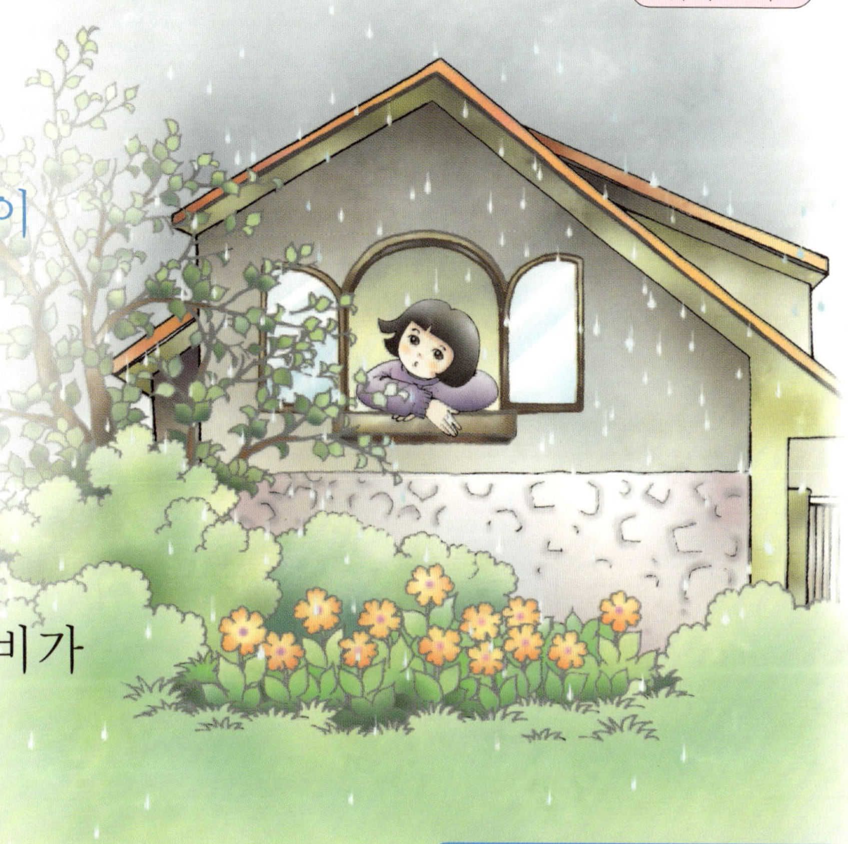

꼰니픈 조켙따, 이스리, 닥까, 씨서

 선을 따라가 낱말 풀이를 읽어 보세요.

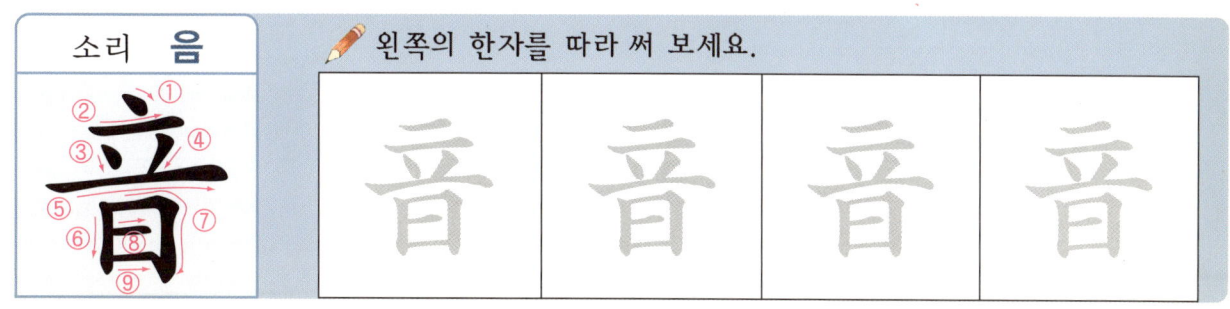

정확하게 소리내어 읽고, 바르게 써 보세요.

꽃잎은 좋겠다.

이슬이 닦아 주니까.

소낙비가 씻어 주니까.

●도서출판 지능, 신기교육(도서총판 보람도서) 유치원, 어린이집, 학원 전문 학습교재 ●

한글/숫자/받아쓰기/영어/주산/암산/서예/한자/속셈/보습/웅변/글짓기/글쓰기/논술/속독

전화 02-856-4983 / 02-844-7130 휴대폰 010-5250-7130 팩스 02-856-4984

◆ 주산 / 암산 / 수리셈 시리즈	◆ 한글 / 숫자 / 받아쓰기	◆ 한자 / 중국어
주산짱암산짱+기초(개정판) 1, 2, 3	병아리반의 가나다라 상, 중, 하, 총정리	급수검정한자교본 8급
주산짱암산짱+기초(종합편)		급수검정한자교본 7급
주산짱암산짱+주산 10급~1급	병아리반의 하나둘셋 상, 중, 하, 총정리	급수검정한자교본 6급
주산짱암산짱+암산 10급~1급		급수검정한자교본 5급
주산짱암산짱+암산 단급	한글지도 I, II, III	급수검정한자교본 4급
뉴주산수리셈 1~10단계	똘이의 글마당 상, 중, 하(전3권)	급수검정한자교본 4급2
주산급수평가예상문제집 10급~1급	똘이의 글마당 상1, 상2 중1, 중2 하1, 하2(전6권)	급수검정한자교본 3급
주산급수평가예상문제집 단급 A단계, B단계	똘이의 셈마당 상, 중, 하	급수검정한자교본 3급2
	한글쓰기 1~3단계	급수검정한자교본 2급
주산짱암산짱+호산문제집	글셈합본 아름드리 하나~여섯	급수검정한자교본 1급
주산짱암산짱+학습장	영재 국어 글동산 1~5단계	비테에 한자여행 1~6
수리셈 주산입문 1	영재 수학 셈동산 1~3단계	급수한자자격 기출예상문제집 8급
수리셈 주산입문 2	내친구 한글아 상, 중 하	
수리셈 주산연습문제집 12급~1급, 단급	내친구 한글아 완성편	급수한자자격 기출예상문제집 7급
	한글깨우침 1~6단계	급수한자자격 기출예상문제집 6급
수리셈 암산연습문제집 9급~1급, 단급	수셈깨우침 1~6단계	급수한자자격 기출예상문제집 5급
	참똑똑한 한글달인 1~6단계	◆ 글쓰기 / 논술 / 속독
검정시험통합 주산암산문제집 12급~1급	참똑똑한 수학달인 1~6단계	알짜 글쓰기 1~12단계
	비테에 한글 1~8단계	동화속의 논술여행 A~D 각 1~5
주산수리셈 보충교재 1, 2	비테에 수학 1~8단계	
주산암산경기대회연습문제집 유치부, 1학년, 2학년, 고학년	비테에 종합커리큘럼 1~6단계	동화속의 논술여행 A~D세트 (각 세트 5권)
	원활동교실 1~6단계	
주산수리셈 기초 1단계, 2단계	꿈초롱별초롱 한글쓰기 초급, 중급, 고급	글쓰기왕국 36권 기초, 초급, 중급, 고급 각 1~9
주산수리셈 영문판 1~10단계		
주산 실무지도서	지혜모아 한글 1~5단계	브레인 두뇌속독
주산 실기연습문제집	해님이 우리글 1~6단계, 마무리	정속독 실기1, 2, 응용 1,2,3
주산교육과 두뇌건강	달님이 수놀이 1~6단계, 마무리	독서뱅크3
주판 13주(칼라) 23주	받아쓰기 짱 1~4단계	출발! 동화나라 여행
교사용주판 11종	한글 받아쓰기 짱 1~4	
◆ 미술 / 창의	세종교육	◆ 동요 / 동시
피카소는 내친구 1~6단계	개구쟁이 짱 첫 한글	우리 옛시조 감상
미술은 내친구 1~6단계	개구쟁이 짱 첫 수학	해맑은 아이들의 동시
미술이 좋아요 1,2,3	개구쟁이 짱 한글공부1~6	양면벽보
미술이 신나요 1,2,3	개구쟁이 짱 수학공부1~4	한글,영어,숫자
창의 또래마당 1~4	개구쟁이 수와셈1~5	한자200자,900자
	낱말카드	
	숫자카드	

단계별 학습 교재 세트는 낱권도 판매 가능

유치원, 학교, 학원, 방과후, 공부방 등 단체 공동구매 및 다량 주문시 특별할인판매

표지 및 정가는 홈페이지 쇼핑몰에서 확인하실 수 있습니다.

BORAMBOOK.CO.KR / boram@borambook.co.kr

지능, 신기교육 주산문제

- 숫자와수판의 만남 상(11급수준)
- 숫자와주판의 만남 하(10급수준)
- 숫자와주판의 만남 숙달1단계(7급)
- 숫자와주판의 만남 숙달2단계(6급)
- 기초주산교본 상(9급)
- 기초주산교본 하(8급)
- 정통주산문제연습장 7급~1급(8절)

◆ 연산 / 보수 / 속셈 문제
- (연산) 기초속셈문제 저학년
- (연산) 기초속셈문제 고학년
- 숫자(속셈)공부
- 숫자공부1(지능정복1단계)
- 숫자공부2(지능정복2단계)
- 지능속셈정복 3~12단계
- 하나둘셋 (속셈문제 1단계)
- 속셈문제연습 2~13단계
- 지능 시계공부

◆ 영어 첫걸음 / 회화 / 영문법
- 영어회화 1~2
- 어린이영어 첫걸음, 1, 2, 3단계
- 패스 기초 영문법
- 별님이 영어 1, 2, 3단계
- 영어를 한글같이발음첫걸음1,2
- 기초 영문법

문학 월간지, 계간지
- 좋은문학 월간지(년간 12권)
- 좋은문학 동인집 1~6집
- 좋은문학 계간지
- 한국문학 계간지
- 오은문학 계간지(봄,여름,가을,겨울)

기타 / 단행본
- 손유희로 꾸며본 성경이야기
- 손유희 성경이야기 Tape
- 손유희 창작구연동화
- 손유희 창작구연동화 Tape
- 말거리 365 웅변원고
- 천재여 일어나라
- 컴퓨터 한자사전 (CD포함)
- 미용믹 사진
- 헤어 어드벤처
- 세계를 품은 아이
- - 기타 단행본 안내 -
- 각종출판사 약 1,000종

푸른잔디 출판사

연간 프로그램
단계별 언어인지 10권/수리탐구10권
- 러닝 투게더 병아리반
- 러닝 투게더 영아반
- 러닝 투게더 유아반
- 러닝 투게더 유치반

연간 프로그램
(단계별 의사소통, 수리탐구, 자연탐구, 사회탐구, 그리고색칠하기, 오리고만들기, 한자 등)
- 키우미 채우미 영아반
- 키우미 채우미 유아반
- 키우미 채우미 유치반

월간 프로그램
(단계별 한글 20권, 수학 20권)
- 아이러브 시리즈 A단계
- 아이러브 시리즈 B단계
- 아이러브 시리즈 C단계
- 아이러브 시리즈 D단계

단계별 프로그램
- 스토리텔링 학습으로 배우는 한글캠프 1~7권, 1학년
- 스토리텔링 학습으로 배우는 수학캠프 1~7권, 1학년
- 푸른한글 1~7단계
- 푸른수학 1~7단계
- 봉봉 드로잉북 1~6권

푸른잔디 미술
- 러닝 투게더 미술 초급 4권
- 러닝 투게더 미술 중급 4권
- 러닝 투게더 미술 고급 4권

프뢰벨의 가베
- 러닝 투게더 프뢰벨의 가베 A단계 10권
- 러닝 투게더 프뢰벨의 가베 B단계 10권
- 러닝 투게더 프뢰벨의 가베 C단계 10권
- 러닝 투게더 프뢰벨의 가베 D단계 10권

시집

- 당신이 그리우면 산에 올라(이영한)
- 솔 모루의 봄(홍현서)
- 촛불(정용규)
- 은혜 속에 피어난 꽃(이도영 1집)
- 고난 속에 핀 꽃(이도영 2집)
- 아름다운 사회 글과 시(김기호)
- 문인들의 밥솥(이정희 1집, 2집)
- 천국소망(이도영 3집)
- 사랑과 은혜(이도영 4집)
- 사랑 나눔(이도영 5집)
- 공갈못(공검지)(최용식)
- 별 밤에 피어난 꽃(조복수)
- 낙원(문쾌수)
- 또 하나의 사랑으로(조순화)
- 신데렐라 동시집(이도영)
- 인생여정 황홀한 노을을 걷다 (강충구)
- 마음으로 읽고 가슴으로 말한다 (김상문)
- 이슬은 꽃이 되다(이도영)
- 단풍이 곱던 날(김복임 수필)
- 왜 그들은 변하지 않는가?(이요나)
- 장곡산 메아리(서병진)
- 내 마음의 풍금 소리(한춘상)
- 그리움은 시가 되어(이도영)
- 바다가 되어(조화훈)
- 그대 머물고 간 자리(안경애)
- 나는 이렇게 산다(조철수)
- 삶은 시의 날개를 달고(이도영)
- 그대를 위하여(조화훈)
- 하얀 화선지(정일영)
- 바람에 피어난 꽃(조복수)

사전 (졸업선물)
- 정통 초등학교 새국어사전
- 초등학교 새영어사전

도감 (졸업선물)
- 아! 꽃이다
- 아! 공룡이다
- 화훼 학습자료
- 어린이 동물도감

도서출판 매일,창

*교재 112쪽 참조하세요.

 선생님께서 불러 주시는 말을 바르게 받아 써 봅시다.

1

써 보세요.

파란색으로 쓴 낱말의 발음에 주의하며 글을 읽어 보세요.

해님과 강아지

읽기 80~81쪽

강아지가 해님을 만나려고 집을 나섰습니다. 해님이 마을을 지나갔습니다. 강아지도 쫄랑쫄랑 따라갔습니다. 해님이 들판으로 갔습니다. 강아지도 바쁘게 따라갔습니다.

들판에 꽃이 많아서 강아지는 기분이 좋았습니다. 해님 생각은 깜박 잊어버리고 신나게 들판을 뛰어다녔습니다. 한들한들 춤을 추는 꽃에 코를 대고 킁킁 향기도 맡았습니다.

그 동안 해님은 산 너머로 훌쩍 넘어가 버렸습니다. 깜짝 놀란 강아지는 산을 넘어 해님을 찾아다녔습니다. 그러나 해님은 보이지 않았습니다. 강아지는 슬펐습니다.

숲 속은 점점 어두워졌습니다. 구름 사이로 달님이 고개를 살며시 내밀었습니다. 그 때 강아지는 작은 연못을 발견하였습니다.

꼳치 마나서, 이저버리고, 마탇씀니다, 차자다녇씀니다, 연모슬 발견하엳씀니다

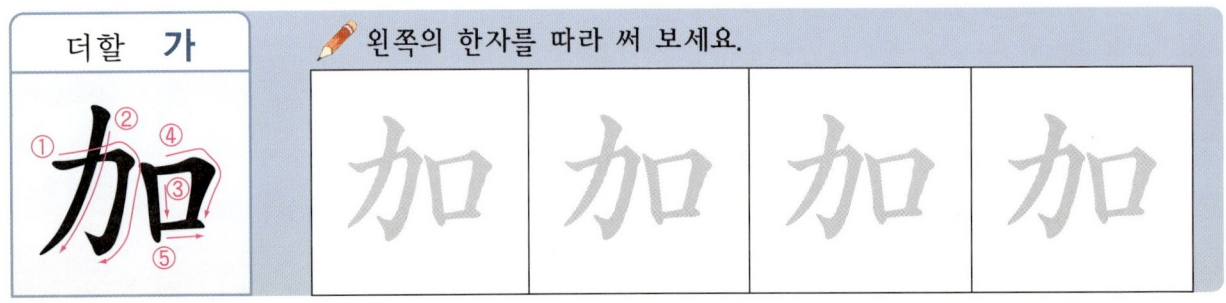

정확하게 소리내어 읽고, 바르게 써 보세요.

생각은 깜박 잊어버리고

해님을 찾아다녔습니다.

향기도 맡았습니다.

파란색으로 쓴 낱말의 발음에 주의하며 글을 읽어 보세요.

내 의견

읽기 87쪽

영미는 어머니와 함께 가게에 갔습니다. 참외를 좋아하는 영미는 자기 앞에 놓인 참외를 가리키며 말하였습니다.

"엄마, 이것 어때요?"

"글쎄, 뭐가 좋을까? 저것도 맛있을 것 같네."

어머니께서 멀리 놓인 자두를 가리키며 말씀하셨습니다.

"엄마, 아빠도 참외를 좋아하시잖아요?"

"그래, 이것이 좋겠다."

어머니와 영미는 참외를 샀습니다.

차뫼, 아페 노인, 마시쓸, 조아하시자나요

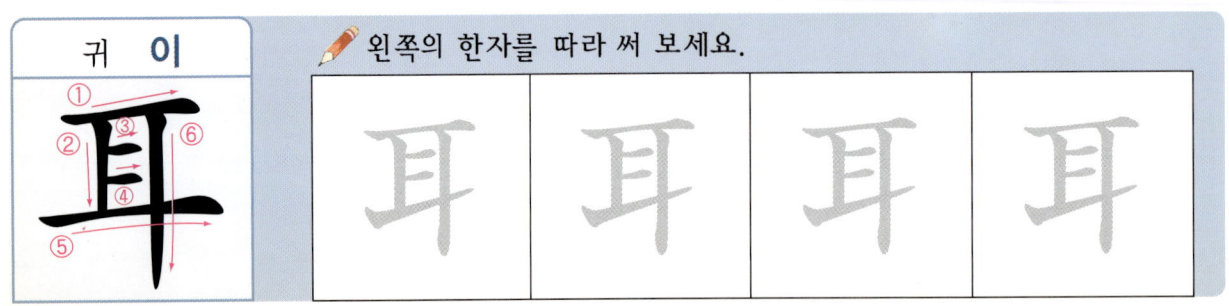

귀 이

耳

왼쪽의 한자를 따라 써 보세요.

| 耳 | 耳 | 耳 | 耳 |

정확하게 소리내어 읽고, 바르게 써 보세요.

자기 앞에 놓인 참외

저것도 맛있을 것 같네.

그래 이것이 좋겠다.

파란색으로 쓴 낱말의 발음에 주의하며 글을 읽어 보세요.

숙제 로봇의 일기

읽기 88~89쪽

　오늘은 수영이의 생일입니다. 수영이 아버지께서 커다란 선물꾸러미를 들고 오셨습니다.
　"이것은 숙제를 해 주는 로봇이란다. 숙제하기를 싫어하는 수영이에게 아주 좋은 선물이지. 왼쪽 뺨을 살짝 건드리면 숙제를 해 주는 거야. 그림 숙제도 해주지."
　수영이는 매우 기뻤습니다. 오늘은 숙제가 많은데 이제 걱정할 필요가 없게 되었습니다.
　수영이는 실컷 놀다가 밤 아홉 시가 되어서야 로봇앞에 앉았습니다. 수영이는 로봇의 뺨을 살짝 건드리며 말하였습니다.
　"선생님께서 내주신 글쓰기 숙제야."
　로봇은 필통을 열고 연필을 쥐는가 싶더니 얼른 다해냈습니다.

시러하는, 빠믈, 피료가 업께, 십떠니

 선을 따라가 낱말 풀이를 읽어 보세요.

| 꾸러미 | 마음이 원하는 대로 한껏 |
| 실컷 | 꾸리어 싼 물건 |

정확하게 소리내어 읽고, 바르게 써 보세요.

숙제하기를 싫어하는

필요가 없게 되었습니다.

아주 좋은 선물이지.

*교재 112쪽 참조하세요.

 선생님께서 불러 주시는 말을 바르게 받아 써 봅시다.

1
2
3
4
5
6
7
8
9
10

틀린 문장을 다시 써 보세요.

파란색으로 쓴 낱말의 발음에 주의하며 글을 읽어 보세요.

읽기 89쪽

"찌르릉! 다 썼습니다."

수영이는 놀랍고 신기해서 손뼉을 쳤습니다.

"로봇아, 이번에는 그림 숙제다. 멋진 바닷가 풍경을 상상해서 하나 그려 줘."

수영이는 로봇 앞에 크레파스와 도화지를 내밀었습니다. 로봇은 여러 가지 색의 크레파스를 바꾸어 가며 그림을 그리기 시작하였습니다.

"찌르릉! 다 그렸습니다."

로봇은 순식간에 멋진 바다를 그렸습니다. 인제 일기만 쓰면 오늘 숙제는 끝납니다.

손뼈글 쳗씀니다, 먿찐 바다까, 끈남니다

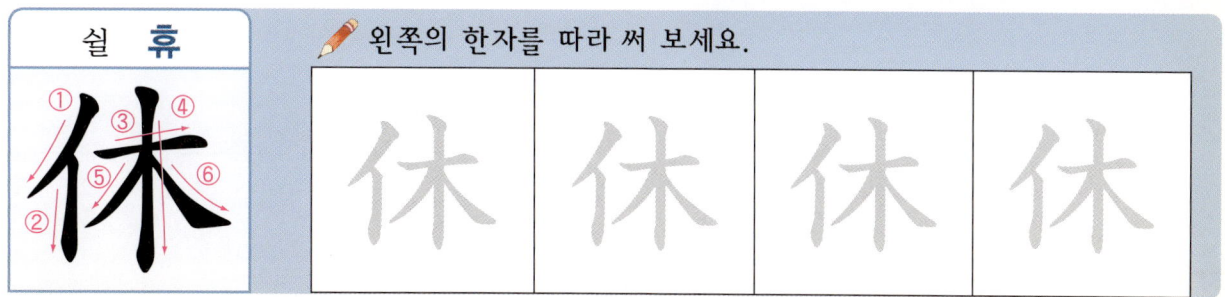

정확하게 소리내어 읽고, 바르게 써 보세요.

손뼉을 쳤습니다.

연필을 쥐는가 싶더니

멋진 바닷가 풍경

정확하게 소리내어 읽고, 바르게 써 보세요.

그것을 읽어 보았습니다.

오늘 하루동안 어디가서

믿으실 것이다.

파란색으로 쓴 낱말의 발음에 주의하며 글을 읽어 보세요.

읽기 92쪽

수영이는 일기를 읽고, 이번에는 화내지 않았습니다.
"네 말이 맞아. 숙제는 내가 해야 되겠는걸."
수영이는 로봇을 안고 아버지께 갔습니다.
"아버지, 숙제 로봇을 돌려 드릴게요. 저에게는 쓸모 없는 물건이에요."
아버지께서 빙그레 웃으셨습니다.
"수영이가 벌써 깨달았구나. 사실, 이것은 숙제를 해 주는 로봇이 아니라 숙제를 스스로 하게 해 주는 로봇이란다."
수영이는 공책을 펴놓고 쓰기 숙제부터 하기 시작하였습니다.

마리 마자, 엄는 물거니예요, 우스셜씀니다, 깨다란꾸나, 공채글 펴노코

정확하게 소리내어 읽고, 바르게 써 보세요.

로봇을 돌려 드릴게요.

수영이가 벌써 깨달았구나.

공책을 펴놓고 쓰기

파란색으로 쓴 낱말의 발음에 주의하며 글을 읽어 보세요.

김치가 좋아요

읽기 94~95쪽

김치는 우리 나라 사람들이 옛날부터 먹던 음식이다. 이제는 외국 사람들도 김치를 좋아해서 많이 먹는다고 한다.

김치에는 갖가지 양념이 들어가서 맛도 좋고 영양가도 높다. 그리고 종류도 여러 가지여서 입맛에 따라 골라 먹을 수 있다.

나는 김치를 좋아한다. 나는 김치가 없으면 밥맛이 나지 않는다.

그런데 요즈음에는 김치보다 햄을 더 좋아하는 친구들이 많다. 내 친구 윤주도 김치보다 햄을 더 좋아한다. 나는 친구들이 김치를 즐겨 먹었으면 좋겠다고 생각한다.

배추김치

깍두기

총각김치

옌날부터, 마니 멍는다고, 밤마시, 머걷쓰면 조켇따고

 선을 따라가 낱말 풀이를 읽어 보세요.

| 외국 | → | 여러가지 |
| 갖가지 | → | 다른 나라 |

쌀 미

米

왼쪽의 한자를 따라 써 보세요.

| 米 | 米 | 米 | 米 |

정확하게 소리내어 읽고, 바르게 써 보세요.

옛날부터 먹던 음식이다.

많이 먹는다고 한다.

갖가지 양념이 들어가서

정확하게 소리내어 읽고, 바르게 써 보세요.

맛도 좋고 영양가도 높다.

밥맛이 나지 않는다.

즐겨 먹었으면 좋겠다고

파란색으로 쓴 낱말의 발음에 주의하며 글을 읽어 보세요.

어떤 집을 만들면 좋을까요

읽기 96~97쪽

성욱이네 반에서는 '즐거운 생활' 시간에, 살고 싶은 집을 만들어 보기로 하였습니다. 그래서 성욱이와 친구들은 어떤 집에서 살고 싶은지 의논하였습니다.

성욱 : 나는 동화책에서 아름다운 집을 보았어. 언덕 위에 세워진 통나무집인데, 주변에는 꽃과 나무들이 많아서 경치가 좋아 보였어. 나는 그렇게 아름다운 집에서 살고 싶어.

민희 : 경치가 아름다운 집에서 살면 참 좋겠다. 그런데 나는 사람들이 많이 살 수 있는 큰 집을 만들었으면 좋겠어. 방이 여러 개 있으면 친구들과 모여서 즐겁게 지낼 수 있을 거야.

시가네, 지베서 살고 시픈지, 주벼네는 꼳과, 만드러쓰면 조케써

정확하게 소리내어 읽고, 바르게 써 보세요.

살고 싶은 집을 만들어

주변에는 꽃과 나무들이

큰 집을 만들었으면 좋겠어.

정확하게 소리내어 읽고, 바르게 써 보세요.

어디에나 갈 수 있잖아?

집안일을 기계가 알아서

사람들이 많이 살 수 있는

파란색으로 쓴 낱말의 발음에 주의하며 글을 읽어 보세요.

고마운 나무

읽기 100쪽

나무는 우리에게 많은 혜택을 줍니다.

나무는 공기를 맑게 합니다. 그것이 많은 곳은 공기가 맑습니다. 산에 나무가 많으면 홍수나 가뭄을 막을 수도 있습니다.

나무가 주는 혜택은 이것만이 아닙니다. 나무는 종이를 만드는 데에도 쓰입니다. 우리가 보는 이 책도 종이로 만들었습니다.

만약 나무가 없다면 우리는 많은 불편을 겪을 것입니다. 나무가 주는 혜택을 누리기 위하여 우리는 꾸준히 나무를 심고 가꾸어야 합니다.

마는 혜태글, 마느면, 가무믈 마글 쑤도, 꾸주니

 선을 따라가 낱말 풀이를 읽어 보세요.

| 가뭄 | 큰 물(엄청나게 쏟아져 나옴) |
| 홍수 | 오래도록 비가 내리지 않는 상태 |

활 궁

왼쪽의 한자를 따라 써 보세요.

弓 　弓 　弓 　弓 　弓

받아쓰기-84

정확하게 소리내어 읽고, 바르게 써 보세요.

많은 혜택을 줍니다.

공기를 맑게 합니다.

홍수나 가뭄을 막을 수도

*교재 112쪽 참조하세요.

 선생님께서 불러 주시는 말을 바르게 받아 써 봅시다.

1
2
3
4
5
6
7
8
9
10

틀린 문장을 다시 써 보세요.

파란색으로 쓴 낱말의 발음에 주의하며 글을 읽어 보세요.

황소개구리

읽기 104쪽

경수는 텔레비전에서 황소개구리를 보았습니다. 황소개구리는 외국에서 들여 온 개구리라고 합니다. 그것은 몸집이 크고 힘도 세어 토종 개구리를 잡아먹는다고 합니다.

경수는 시골 할아버지 댁에 갔습니다. 경수는 황소개구리를 보려고 할아버지와 함께 개울로 갔습니다.

갑자기 개울 옆 논둑에서 바스락 소리가 나더니 커다란 개구리 한 마리가 불쑥 나타났습니다.

"할아버지, 개구리가 정말 크네요."

"저것이 바로 황소개구리란다."

논둑 위에 나타난 황소개구리는 크기가 어른 손바닥보다도 더 커 보였습니다. 정말 큰 개구리였습니다.

황소개구리
참개구리

"황소개구리가 더 많아지면 토종 개구리가 다 없어질지도 모르겠다. 외국의 것을 들여 올 때는 항상 앞일을 생각해야 한단다." 할아버지께서 말씀하셨습니다.

몸찌비, 자바멍는다고, 손빠닥, 암니를

 선을 따라가 낱말 풀이를 읽어 보세요.

| 토종 | • | • | 논의 가장자리에 쌓아 올린 방죽 |
| 논둑 | • | • | 본래 땅에 나는 종자 |

정확하게 소리내어 읽고, 바르게 써 보세요.

외국에서 들어온 개구리

시골 할아버지 댁에 갔습니다.

항상 앞일을 생각해야

파란색으로 쓴 낱말의 발음에 주의하며 글을 읽어 보세요.

마음의 선물

읽기 110쪽

학교에서 돌아오자마자 나는 꽃밭으로 달려갔습니다. 보라색 강낭콩꽃이 부끄러운 듯 피어 있었습니다.

"야, 꽃이 피었다!"

나는 큰일이나 난 듯이 소리쳤습니다.

"우리 지희가 잘 가꾸더니 예쁜 꽃이 피었구나."

어머니께서도 무척 기뻐하셨습니다. 관찰 기록장을 보니 오늘은 강낭콩을 심은 지 45일이 되는 날이었습니다.

"강낭콩아, 어서 자라서 열매도 많이 맺으렴."

강낭콩도 내 말을 알아듣고 방긋 웃는 것 같았습니다.

꼳바트로, 꼬치, 매즈렴, 아라듣꼬

 선을 따라가 낱말 풀이를 읽어 보세요.

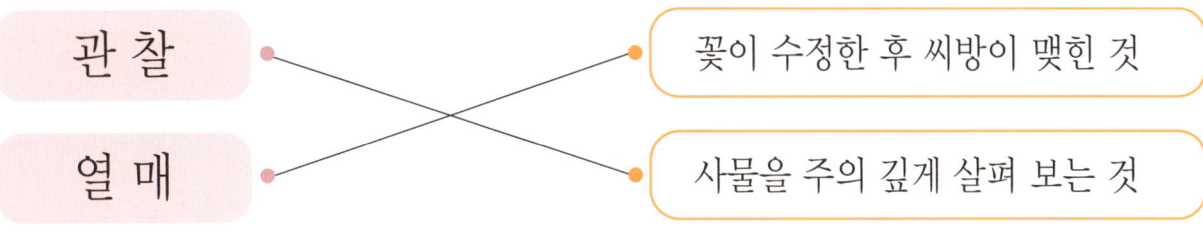

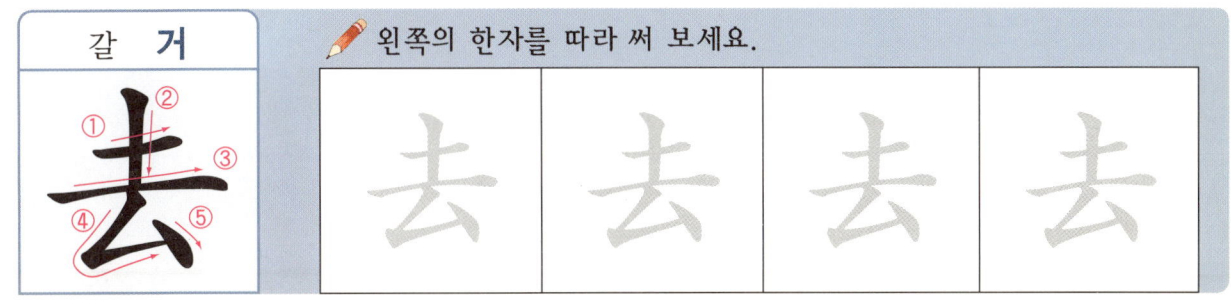

정확하게 소리내어 읽고, 바르게 써 보세요.

꽃밭으로 달려갔습니다.

예쁜 꽃이 피었구나.

열매도 많이 맺으렴.

정확하게 소리내어 읽고, 바르게 써 보세요.

온 세상을 밝게 비추었습니다.

꽃은 나무에 앉은 참새를

참새도 밝은 얼굴로

파란색으로 쓴 낱말의 발음에 주의하며 글을 읽어 보세요.

하늘 천 하렷다

읽기 112쪽

옛날 어느 마을에, 삼돌이라는 아이가 살았습니다. 삼돌이는 커서도 글을 읽지 못하였습니다. 삼돌이 아버지는 아들이 영영 글을 배우지 못할까 봐 걱정이 되었습니다. 그래서 늦게나마 아들을 서당에 보내기로 하였습니다.

"애야, 너도 인제 서당에 가서 글을 배우도록 해라."

"아버지, 제가 어떻게 글을 배워요?"

"너무 걱정하지 마라. 그저 훈장님께서 말씀하시는대로 따라 하면 되는 거야."

모타엳씀니다, 못탈까 봐, 늗께나마, 어떠케 그를 베워요

 선을 따라가 낱말 풀이를 읽어 보세요.

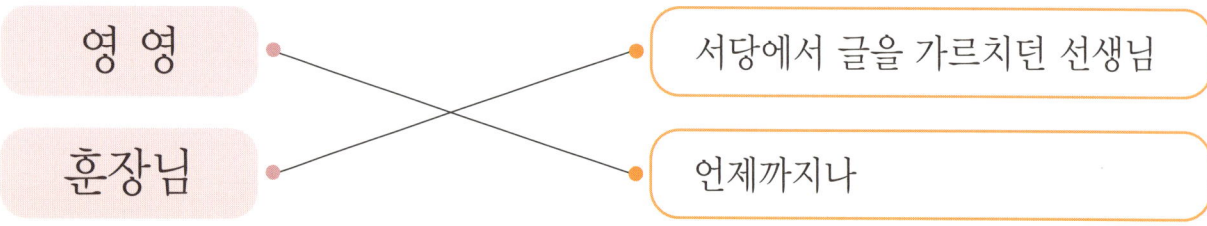

영영 — 언제까지나
훈장님 — 서당에서 글을 가르치던 선생님

정확하게 소리내어 읽고, 바르게 써 보세요.

글을 읽지 못하였습니다.

글을 배우지 못할까 봐

어떻게 글을 배워요?

파란색으로 쓴 낱말의 발음에 주의하며 글을 읽어 보세요.

읽기 112~113쪽

"그러면 정말 글을 배울 수가 있어요? 에이, 그렇게 쉬운 걸 이제까지 몰랐다니! 좀더 일찍 서당에 다닐 걸 그랬네요."
삼돌이는 글을 배우러 서당에 갔습니다.
훈장님께서 '하늘 천' 자를 가리키며 점잖게 말씀하셨습니다.
"하늘 천 하렷다."
이 소리를 듣자 삼돌이는 아버지 말씀이 생각났습니다.
"하늘 천 하렷다."
그러자 훈장님께서 다시 말씀하셨습니다.
"하늘 천만 하렷다."
"하늘 천만 하렷다."
삼돌이는 또 훈장님 말씀을 그대로 따라 하였습니다.

몰랃따니, 그랜네요, 점잔케, 말쓰미

대 죽
竹

왼쪽의 한자를 따라 써 보세요.

정확하게 소리내어 읽고, 바르게 써 보세요.

이제까지 몰랐다니!

점잖게 말씀하셨습니다.

말씀이 생각났습니다.

정확하게 소리내어 읽고, 바르게 써 보세요.

정신이 나갔구나!

서당에 찾아왔습니다.

제가 왜 바보예요?

파란색으로 쓴 낱말의 발음에 주의하며 글을 읽어 보세요.

유석이의 하루

읽기 116~117쪽

　유석이는 오늘도 혼자 집을 나섰습니다. 유석이 부모님은 아침 일찍 직장에 나가시기 때문입니다.

　유석이가 골목을 지나가는데 친구 동민이의 목소리가 들렸습니다.

　"엄마, 학교 다녀오겠습니다. 참! 오늘 학교에 오실거죠?"

　오늘은 어머니들께서 학교에 오시는 날입니다. 그런데 유석이 어머니께서는 오실 수 없습니다.

　공부를 하면서도 유석이는 자꾸 창 밖을 내다보았습니다. 친구들 어머니께서는 한 분 두 분 오시는데, 유석이 어머니의 모습은 보이지 않았습니다.

　동민이는 유석이의 시무룩한 표정을 보고 말을 건넸습니다.

· 혼자 지블 나섣씀니다, 골모글, 목쏘리, 창 바끌, 시무루칸

정확하게 소리내어 읽고, 바르게 써 보세요.

혼자 집을 나섰습니다.

창 밖을 내다보았습니다.

시무룩한 표정을 보고

파란색으로 쓴 낱말의 발음에 주의하며 글을 읽어 보세요.

매미 합창단

읽기 124쪽

더운 여름날, 매미들이 참나무에 앉아 신나게 노래를 부르고 있었습니다.

"맴맴, 매암. 매암, 매애암."

그 때 까치 아주머니가 급하게 날아왔습니다.

"얘들아, 큰일났다. 마을 개구쟁이들이 너희를 잡으러 오고 있단다."

매미들은 더럭 겁이 났습니다.

"나뭇잎 뒤에 꼭꼭 숨어라. 혹시 아이들에게 잡히더라도 절대 울면 안 된다."

까치 아주머니가 친절하게 말씀하였습니다. 매미들은 숨을 죽였습니다.

안자, 그파게 나라왇씀니다, 거비, 나문닙, 자피더라도, 수믈 주겯씀니다

 선을 따라가 낱말 풀이를 읽어 보세요.

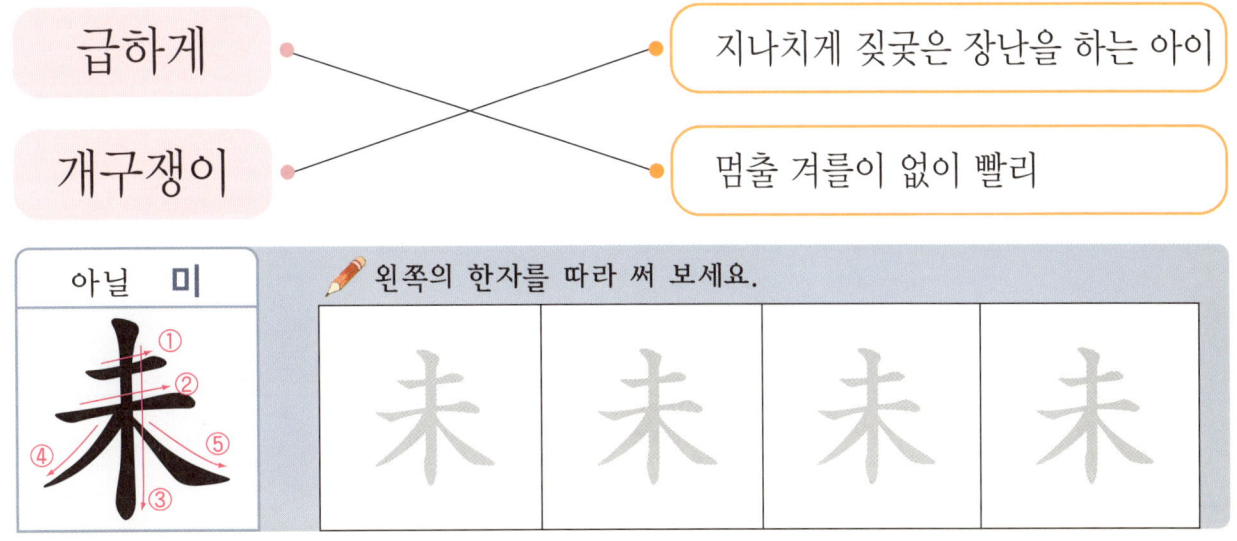

정확하게 소리내어 읽고, 바르게 써 보세요.

매미들이 참나무에 앉아

급하게 날아왔습니다.

나뭇잎 뒤에 꼭꼭 숨어라.

정확하게 소리내어 읽고, 바르게 써 보세요.

아이들에게 잡히더라도

말을 못 하게 된단다.

매미가 우리를 속였구나.

파란색으로 쓴 낱말의 발음에 주의하며 글을 읽어 보세요.

개와 돼지

읽기 132~133쪽

옛날 옛적에, 한 할머니께서 개와 돼지를 기르셨습니다. 할머니께서는 개와 돼지를 무척 귀여워하셨습니다.

할머니께서 개의 머리를 쓰다듬으며 말씀하셨습니다.

"참 착하구나. 집도 잘 지키고……."

할머니께서는 낮잠만 자는 돼지도 좋아하셨습니다.

"돼지야, 아프지 말고 무럭무럭 자라라."

그러나 낮잠을 자던 돼지는 할머니의 말씀을 듣지 못하였습니다. 돼지는 할머니께서 개만 귀여워한다고 생각하였습니다.

어느 날, 돼지는 개에게 물었습니다.

"할머니께서는 왜 너만 귀여워하시니?"

쓰다드므며, 차카구나, 낟짬만, 말쓰믈

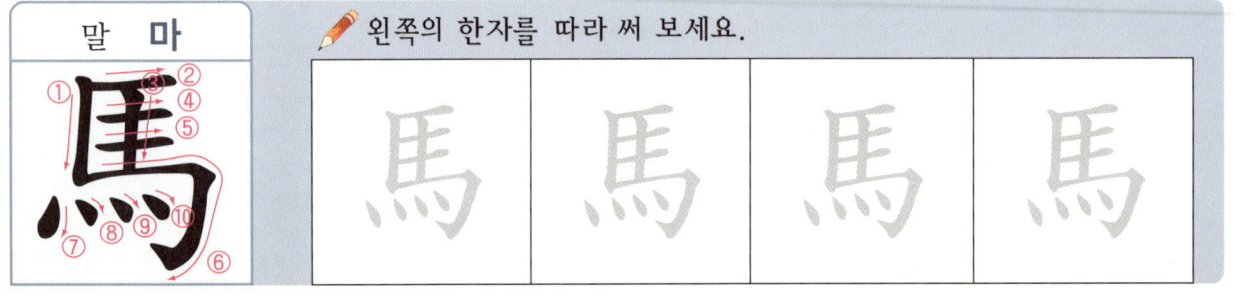

정확하게 소리내어 읽고, 바르게 써 보세요.

무척 귀여워하셨습니다.

개의 머리를 쓰다듬으며

참 착하구나. 집도 잘 지키고

정확하게 소리내어 읽고, 바르게 써 보세요.

말씀을 듣지 못하였습니다.

나는 매일 밤 집을 지키는데

웃으며 생각하였습니다.

정확하게 소리내어 읽고, 바르게 써 보세요.

침을 놓아 주시나보다.

날이 밝으면 장에 내다 팔아야

할머니의 사랑을 더 받으려다

파란색으로 쓴 낱말의 발음에 주의하며 글을 읽어 보세요.

돌돌이와 민들레 꽃씨

읽기 136쪽

바다가 가까운 어느 공원에 돌돌이라는 개미가 살고 있었습니다. 돌돌이의 소원은 바다 구경을 한번 해 보는 것이었습니다.

'무슨 좋은 방법이 없을까?'

돌돌이는 생각에 잠겼습니다.

'옳지, 저기 장군님 동상 위에 올라가면 바다가 보일 거야.'

돌돌이는 키가 큰 장군님 동상 위로 기어오르기 시작하였습니다.

미끄러워서 몇 번이나 떨어질 뻔하였습니다. 거센 바닷바람에 휘익 날려 갈 뻔하기도 하였습니다. 뙤약볕때문에 덥기도 하였습니다. 그렇지만 돌돌이는 꾹 참고 올라갔습니다.

방버비 업쓸가, 생가게, 떠러질, 때약볃때무네

 선을 따라가 낱말 풀이를 읽어 보세요.

| 동 상 | 여름날에 되게 내리쬐는 햇볕 |
| 뙤약볕 | 구리로 만든 사람의 형상 |

정확하게 소리내어 읽고, 바르게 써 보세요.

'무슨 좋은 방법이 없을까?'

돌돌이는 생각에 잠겼습니다.

몇 번이나 떨어질 뻔하였습니다.

정확하게 소리내어 읽고, 바르게 써 보세요.

뙤약볕 때문에 덥기도

돌돌이는 신이 났습니다.

새 생명이 움트고 있어요.

정확하게 소리내어 읽고, 바르게 써 보세요.

조금 쉬었다 할까?

나무를 많이 했더니 힘이 드는군

꽃씨가 가엾다는 생각이

*교재 112쪽 참조하세요.

 선생님께서 불러 주시는 말을 바르게 받아 써 봅시다.

1
2
3
4
5
6
7
8
9
10

틀린 문장을 다시 써 보세요.

받아쓰기

1회
1. 발걸음도 가볍게
2. 손잡고 웃는 얼굴
3. 씩씩한 걸음
4. 문을 열었습니다.
5. 벌써 와 계셨습니다.
6. 힘이 없구나.
7. 깨끗한 물로 갈아 주어야지.
8. 수돗물을 넣었니?
9. 책상에 엎드렸습니다.
10. 손을 얹었습니다.

2회
1. 햇볕이 따사로운
2. 혼자 소꿉놀이
3. 눈을 동그랗게 떴습니다.
4. 가지에 묶여 있었습니다.
5. 전화를 끊었을 때
6. 책을 읽었습니다.
7. 아버지를 맞이하였습니다.
8. 바른 자세로 앉아
9. 바람은 눈치챘는지
10. 꽃들이 웃고 싶은 것을

3회
1. 숲 속 마을의 동물들이
2. 땀을 닦았습니다.
3. 나무에 붙였습니다.
4. 생신을 축하합니다.
5. 둘러앉아
6. 산에 올라가 외쳤습니다.
7. 저 쪽에서 똑같은 대답이
8. 좋은 친구가 되자.
9. 말씀이 옳았습니다.
10. 기분이 좋았습니다.

4회
1. 재빨리 쫓아갔습니다.
2. 희미한 빛이 보였습니다.
3. 높은 집과 많은 자동차
4. 정신 없이 걸었습니다.
5. 맑은 물에 사는 물고기
6. 알이 떠내려가지 않도록
7. 창 밖을 내다봅니다.
8. 괜찮을까요?
9. 얼굴이 그제야 밝아집니다.
10. 곧 낳게 될 줄 알았는데

받아쓰기

5회
1. 전체가 황금빛으로 빛나는
2. 흩어져 있습니다.
3. 누나 옆에 앉아서
4. 비가 쏟아질 때도
5. 밖으로 나갔을 때
6. 낯선 담벼락
7. 날이 밝았습니다.
8. 꽃잎은 좋겠다.
9. 하늘을 향해 짓더니
10. 울타리에 내려앉은

6회
1. 집을 나섰습니다.
2. 들판에 꽃이 많아서
3. 깜박 잊어버리고
4. 향기도 맡았습니다.
5. 해님을 찾아다녔습니다.
6. 어두워졌습니다.
7. 자기 앞에 놓인 참외
8. 좋은 선물이지
9. 걱정할 필요가 없게
10. 연필을 쥐는가 싶더니

7회
1. 손뼉을 쳤습니다.
2. 멋진 바닷가
3. 쓸모없는 물건이에요.
4. 벌써 깨달았구나!
5. 공책을 펴놓고
6. 갖가지 양념이 들어가서
7. 집에서 살고 싶은지
8. 만들었으면 좋겠어
9. 많은 혜택을 줍니다.
10. 공기를 맑게 합니다.

8회
1. 외국에서 들여 온 개구리
2. 열매를 많이 맺으렴
3. 밝게 비추었습니다.
4. 나무에 앉은 참새
5. 어떻게 글을 배워요?
6. 점잖게 말씀하셨습니다.
7. 시무룩한 표정
8. 나뭇잎 뒤에 꼭꼭 숨어라.
9. 무척 귀여워하셨습니다.
10. 좋은 방법이 없을까?